AF215453

Impressum
Verlag: BABADADA GmbH, Nedderfeld 112 , 22529 Hamburg
Geschäftsführer / Verlagsleitung: Harald Hof
Druck: Books on Demand GmbH, In de Tarpen 42, 22848 Norderstedt

Imprint
Publisher: BABADADA GmbH, Nedderfeld 112 , 22529 Hamburg, Germany
Managing Director / Publishing direction: Harald Hof
Print: Books on Demand GmbH, In de Tarpen 42, 22848 Norderstedt, Germany

school

школа

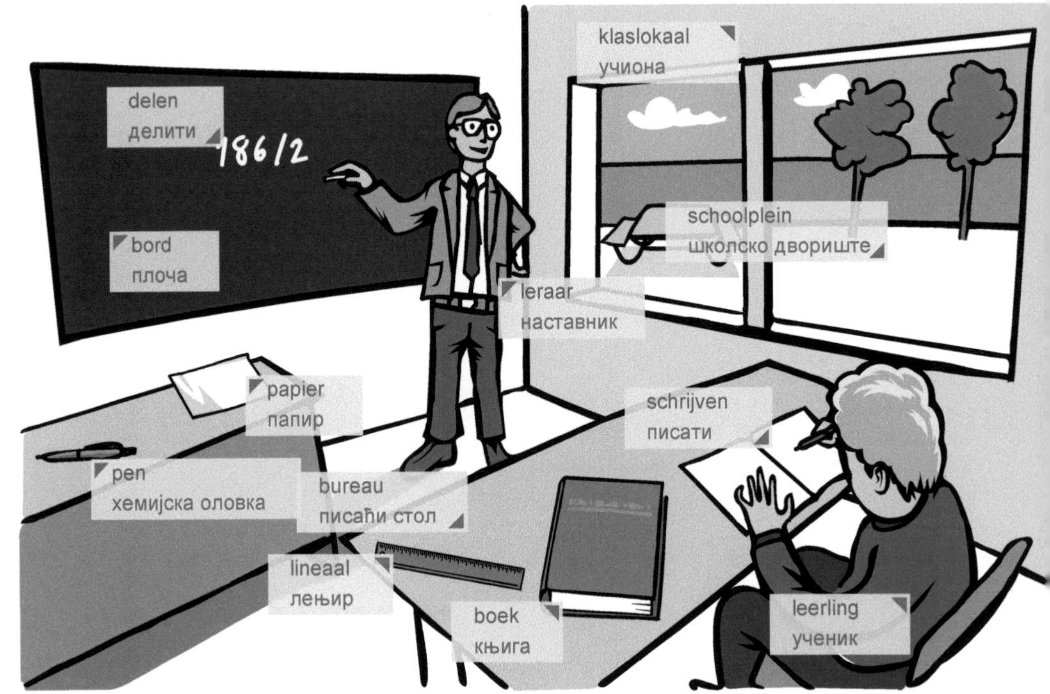
klaslokaal
учиона
delen
делити
186/2
bord
плоча
schoolplein
школско двориште
leraar
наставник
papier
папир
schrijven
писати
pen
хемијска оловка
bureau
писаћи стол
lineaal
лењир
boek
књига
leerling
ученик

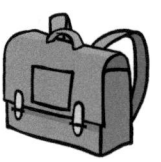

schooltas

торба

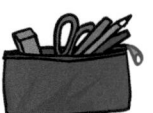

etui

перница

potlood

графитна оловка

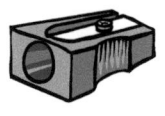

puntenslijper

шиљило за оловке

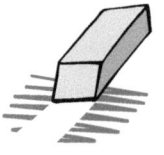

gum

гумица за брисање

schetsblok

блок за цртање

tekening

цртеж

penseel

кист

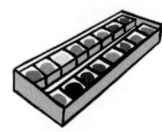

verfdoos

кутија са бојама

schaar

маказе

lijm

лепило

schrift

бележница

huiswerk

домаћи задатак

12

getal

број

2+2

optellen

сабирати

5-2

aftrekken

одузимати

2×2

vermenigvuldigen

множити

rekenen

рачунати

A

letter

слово

ABCDEFG HIJKLMN OPQRSTU VWXYZ

alfabet

абецеда

woord

реч

tekst

текст

lezen

читати

krijt

креда

les

час

klassenboek

дневник

examen

испит

diploma

сведочанство

schooluniform

школска униформа

opleiding

образовање

encyclopedie

лексикон

universiteit

универзитет

microscoop

микроскоп

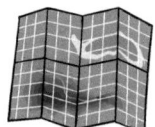

kaart

карта

prullenmand

кошара за папир

reis

путовање

hotel
хотел
Grand
hostel
преноћиште
ROOMS
wisselkantoor
мењачница
EXCHANGE
koffer
кофер
auto
ауто

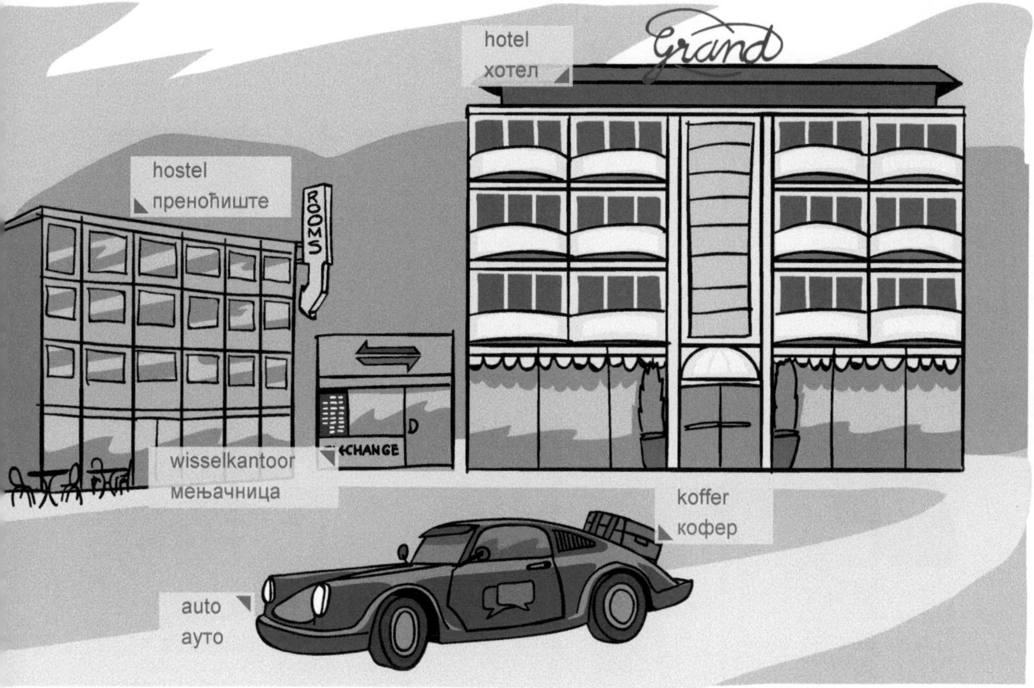

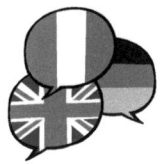

taal

језик

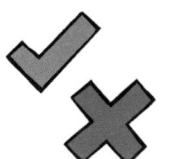

ja / nee

да / не

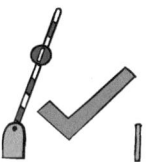

oké

океј

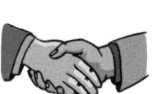

Hallo!

здраво

tolk

преводилац

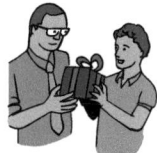

Bedankt.

хвала

Wat kost ...?

Колико кошта...?

Ik begrijp het niet.

не разумем

probleem

проблем

Goedenavond!

добро вече!

Goedemorgen!

Добро јутро!

Goedenacht!

Лаку ноћ!

Tot ziens!

довиђења

richting

смер

bagage

пртљага

tas

торба

rugzak

руксак

gast

гост

kamer

соба

slaapzak

вређа за спавање

tent

шатор

VVV-kantoor

туристичке информације

strand

плажа

creditkaart

кредитна картица

ontbijt

доручак

lunch

ручак

diner

вечера

kaartje

карта за вожњу

lift

лифт

postzegel

поштанска маркица

grens

граница

douane

царина

ambassade

амбасада

visum

виза

paspoort

пасош

transport
транспорт

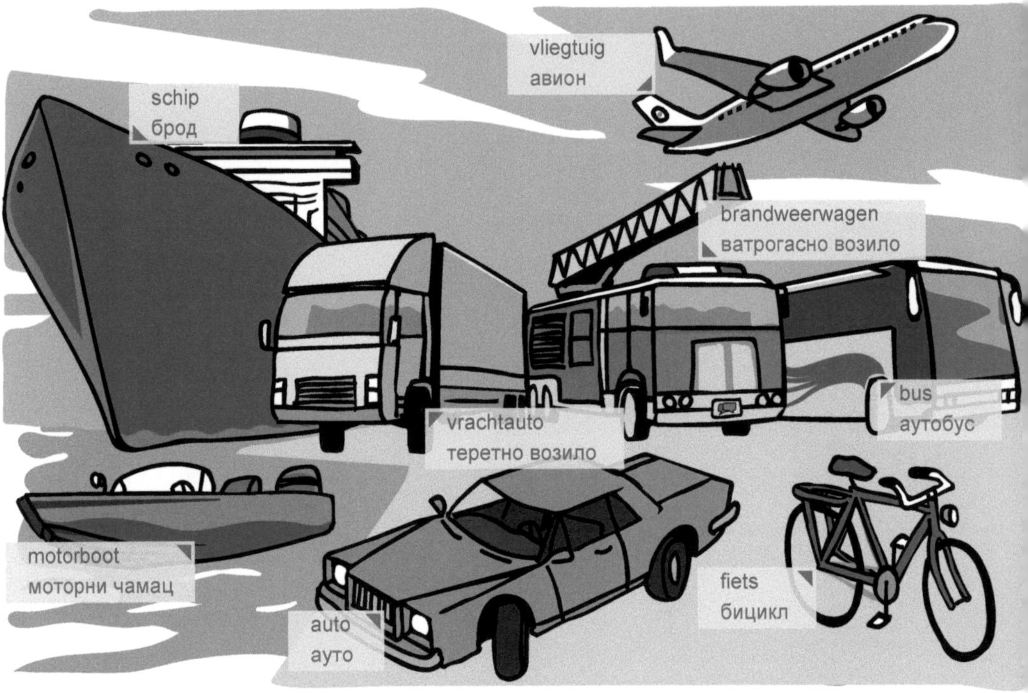

vliegtuig
авион
schip
брод
brandweerwagen
ватрогасно возило
bus
аутобус
vrachtauto
теретно возило
motorboot
моторни чамац
fiets
бицикл
auto
ауто

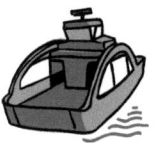

veerboot

трајект

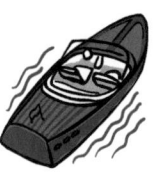

boot

чамац

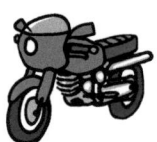

motorfiets

мотоцикл

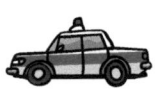

politiewagen

полицијски ауто

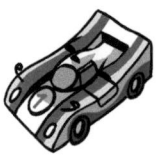

raceauto

тркаћи ауто

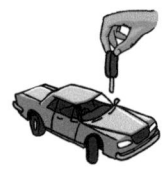

huurauto

изнајмљено ауто

carsharing

дељење аутомобила

takelwagen

вучно возило

vuilniswagen

возило за одвоз смећа

motor

мотор

benzine

бензин

benzinepomp

бензинска станица

verkeersbord

саобраћајни знак

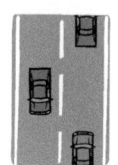

verkeer

саобраћај

file

застој

parkeerplaats

паркиралиште

station

железничка станица

rails

шине

trein

воз

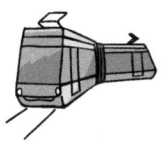

tram

трамвај

wagon

вагон

helikopter

хеликоптер

luchthaven

аеродром

toren

кула

passagier

путник

container

контејнер

verhuisdoos

картон

kar

колица

mand

корпа

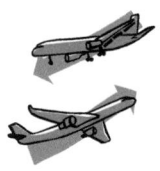

opstijgen / landen

узлетети / слетети

stad

град

dorp

село

stadscentrum

центар града

huis

кућа

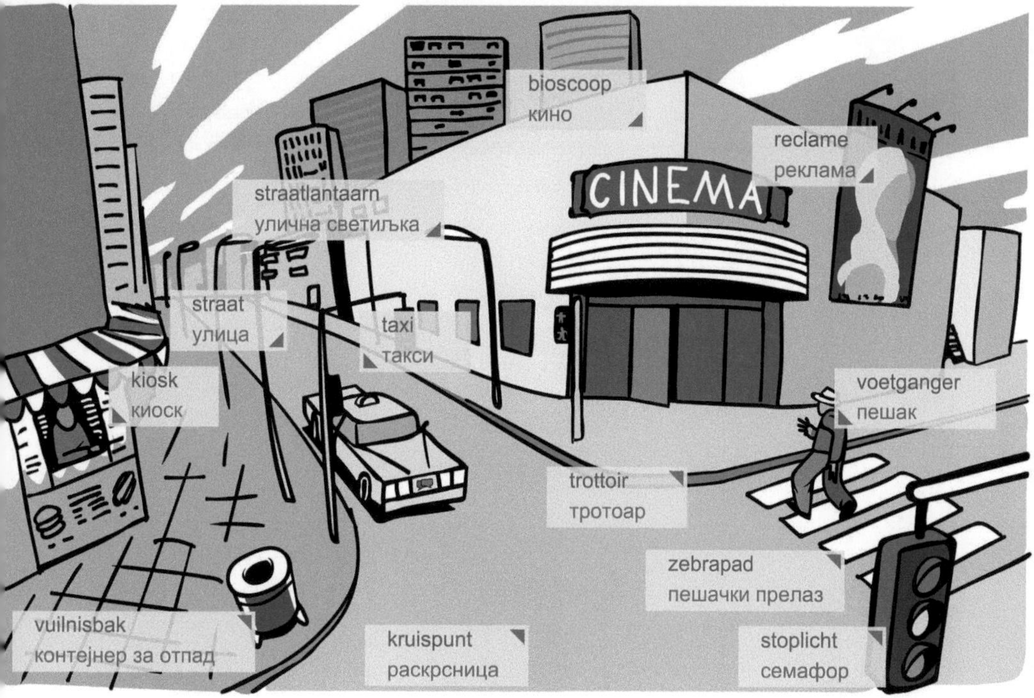
bioscoop
кино
reclame
реклама
CINEMA
straatlantaarn
улична светиљка
straat
улица
taxi
такси
kiosk
киоск
voetganger
пешак
trottoir
тротоар
zebrapad
пешачки прелаз
vuilnisbak
контејнер за отпад
kruispunt
раскрсница
stoplicht
семафор

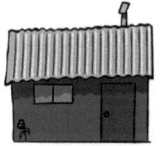

hut

колиба

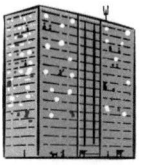

appartement

стан

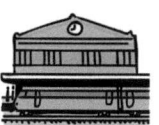

station

железничка станица

stadhuis

већница

MUSEUM

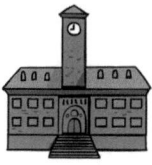

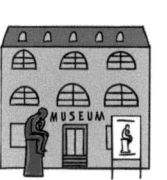

museum

музеј

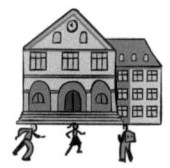

school

школа

universiteit

универзитет

bank

банка

ziekenhuis

болница

hotel

хотел

apotheek

апотека

kantoor

канцеларија

boekenwinkel

књижара

winkel

продавница

bloemenwinkel

цвећара

supermarkt

супермаркет

markt

трг

warenhuis

робна кућа

visboer

рибарница

winkelcentrum

трговачки центар

haven

лука

park

парк

bank

клупа

brug

мост

trap

степенице

metro

подземна железница

tunnel

тунел

bushalte

аутобуска станица

bar

бар

restaurant

ресторан

brievenbus

поштанско сандуче

straatnaambord

улични знак

parkeermeter

паркирни аутомат

dierentuin

зоолошки врт

zwembad

базен

moskee

џамија

boerderij

сеоско газдинство

vervuiling

загађење околине

begraafplaats

гробље

kerk

црква

speelplaats

игралиште

tempel

храм

landschap

пејсаж

blad
лист

wegwijzer
путоказ

weg
пут

weide
ливада

steen
камен

boom
дрво

wandelaar
шетач

rivier
река

gras
трава

bloem
цвет

vallei

долина

berg

планина

meer

језеро

bos

шума

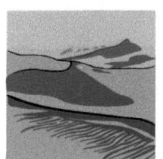

woestijn

пустиња

vulkaan

вулкан

kasteel

дворац

regenboog

дуга

paddenstoel

гљива

palmboom

палма

mug

москито

vlieg

мува

mier

мрав

bij

пчела

spin

паук

kever

буба

kikker

жаба

eekhoorn

веверица

egel

јеж

haas

зец

uil

сова

vogel

птица

zwaan

лабуд

wild zwijn

дивља свиња

hert

јелен

eland

лос

stuwdam

насип

windmolen

ветрењача

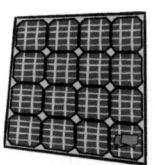

zonnepaneel

соларна плоча

klimaat

клима

restaurant
ресторан

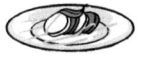

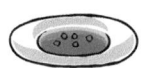

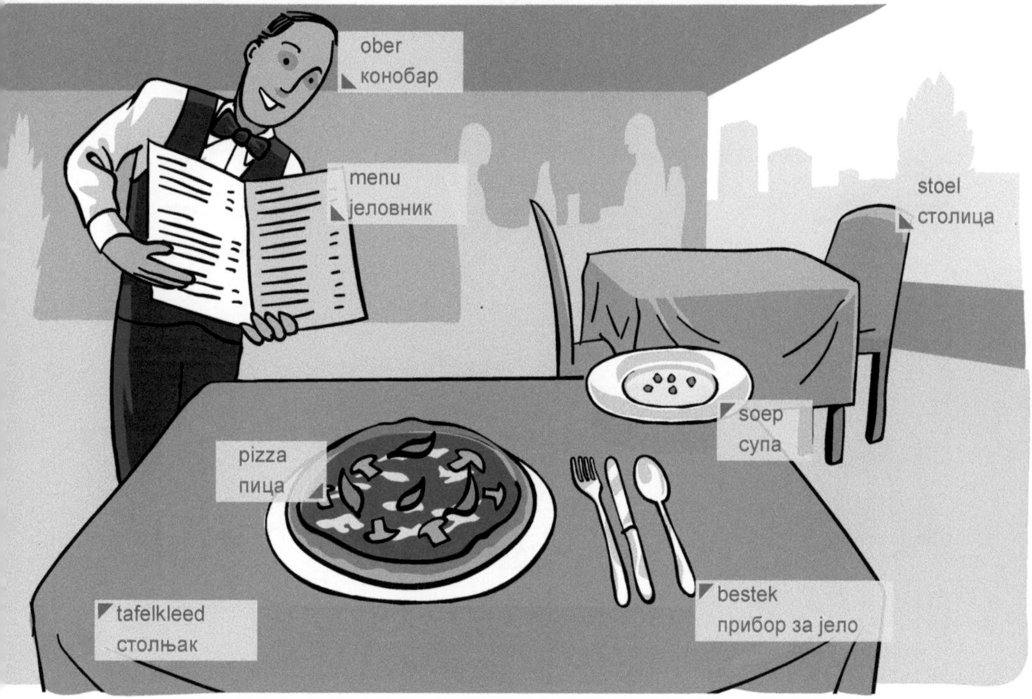
ober
конобар
menu
јеловник
stoel
столица
soep
супа
pizza
пица
bestek
прибор за јело
tafelkleed
столњак

voorgerecht

предјело

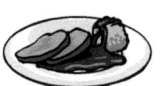

hoofdgerecht

главно јело

toetje

десерт

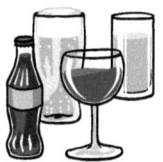

dranken

напитци

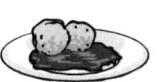

eten

јело

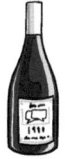

fles

флаша

fastfood

брза храна

eetkraampje

имбис храна

theepot

чајник

suikerpot

доза за шећер

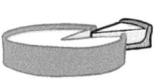

portie

порција

espressomachine

апарат за еспресо

kinderstoel

висока столица

rekening

рачун

dienblad

послужавник

mes

нож

vork

виљушка

lepel

кашика

theelepel

чајна кашика

servet

салвета

glas

чаша

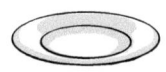

bord

тањир

soepbord

тањир за супу

schotel

тањирић

saus

сос

zoutvaatje

сољенка

pepermolen

млин за бибер

azijn

сирће

olie

уље

kruiden

зачини

ketchup

кечап

mosterd

сенф

mayonaise

мајонеза

supermarkt

супермаркет

aanbieding
понуда
FOR
klant
купац
zuivelproducten
млечни производи
fruit
воће
winkelwagen
колица за куповину

BUTCHERS

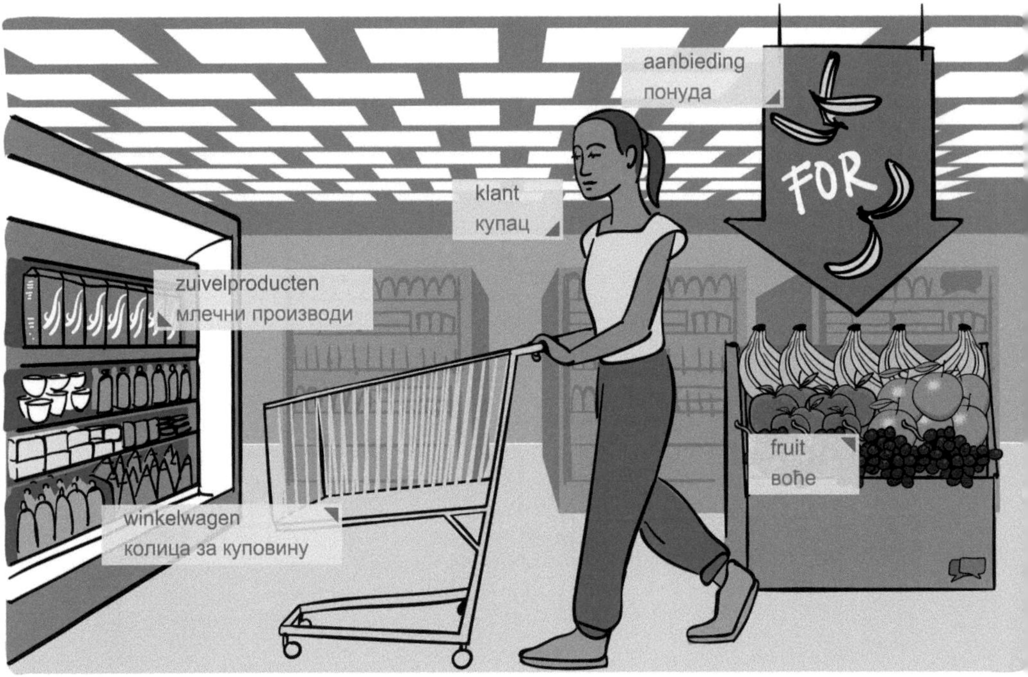

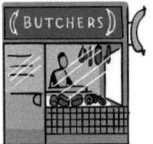

slager

месница

BAKERY

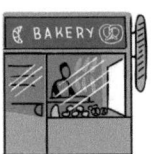

bakkerij

пекара

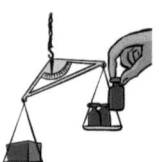

wegen

вагати

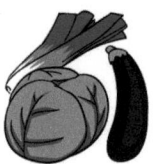

groente

поврће

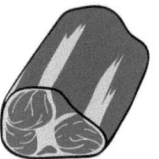

vlees

месо

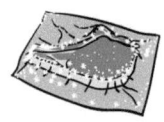

diepvriesproducten

смрзнута храна

vleeswaren

нарезак

conserven

конзерве

wasmiddel

средство за прање

snoepgoed

слаткиши

huishoudelijke artikelen

артикли за домаћинство

schoonmaakmiddel

средства за чишћење

verkoopster

продавачица

kassa

благајна

kassier

благајник

boodschappenlijstje

листа за куповину

openingstijden

време рада

portefeuille

новчаник

creditkaart

кредитна картица

tas

торба

plastic zak

пластична кеса

water

вода

sap

сок

melk

млеко

cola

кола

wijn

вино

bier

пиво

alcohol

алкохол

chocolademelk

какао

thee

чај

koffie

кава

espresso

еспресо

cappuccino

капучино

banaan

банана

appel

јабука

sinaasappel

наранџа

watermeloen

лубеница

citroen

лимун

wortel

шаргарепа

knoflook

бели лук

bamboe

бамбус

ui

лук

paddenstoel

гљива

noten

орашасти плодови

pasta

резанци

spaghetti

шпагете

rijst

рижа

salade

салата

friet

помфрит

gebakken aardappelen

печени крумпир

pizza

пица

hamburger

хамбургер

sandwich

сендвич

schnitzel

шницла

ham

шунка

salami

салама

worst

кобасица

kip

кокош

gebraad

печење

vis

риба

havermout

зобене пахуљице

muesli

мусли

cornflakes

кукурузне пахуљице

meel

брашно

croissant

кроасан

broodjes

пециво

brood

хлеб

toast

тоаст

koekjes

кекси

boter

маслац

kwark

свежи сир

taart

колач

ei

jaje

gebakken ei

jaje на око

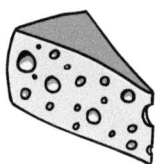

kaas

сир

eten - jело

ijs

сладолед

suiker

шећер

honing

мед

jam

мармелада

chocoladepasta

нугат крема

kerrie

кари

boerderij

сеоско газдинство

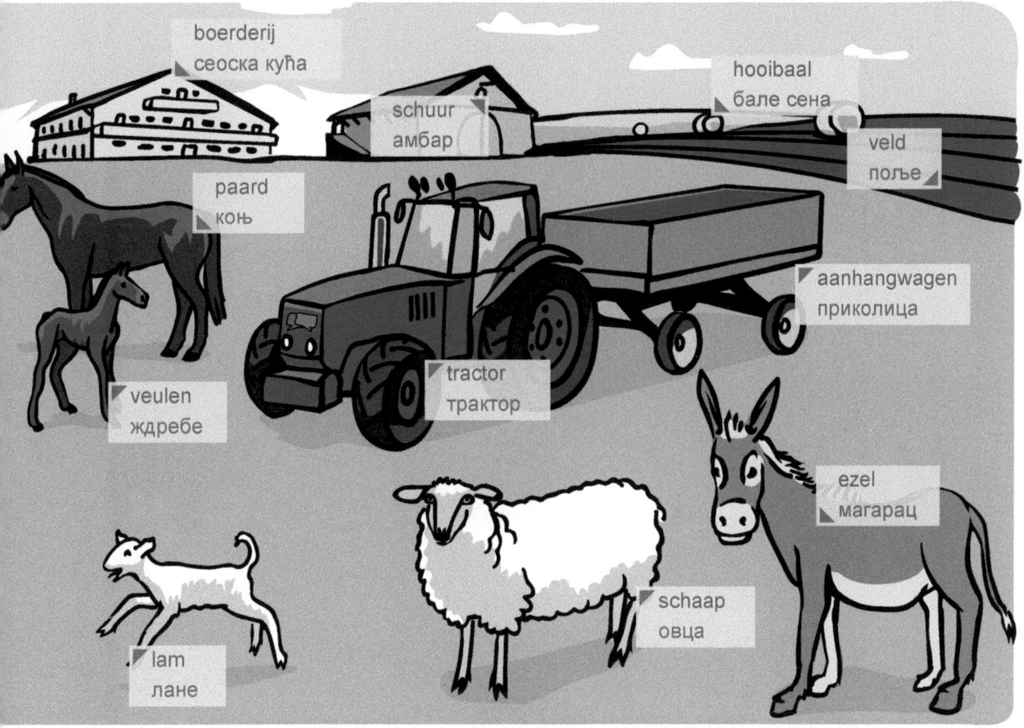
boerderij
сеоска кућа
schuur
амбар
hooibaal
бале сена
veld
поље
paard
коњ
aanhangwagen
приколица
tractor
трактор
veulen
ждребе
ezel
магарац
schaap
овца
lam
лане

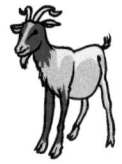

geit

коза

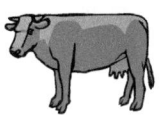

koe

крава

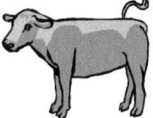

kalf

теле

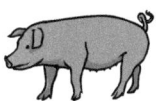

varken

свиња

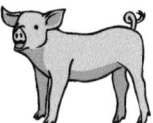

big

прасе

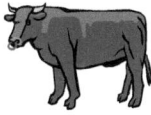

stier

бик

gans

гуска

eend

патка

kuiken

пилићи

kip

кокош

haan

петао

rat

пацов

kat

мачка

muis

миш

os

вол

hond

пас

hondenhok

кућица за пса

tuinslang

вртно црево

gieter

канта за поливање

zeis

коса

ploeg

плуг

sikkel

српр

schoffel

мотика

hooivork

виљушка за ђубриво

bijl

секира

kruiwagen

тачке

trog

корито

melkbus

посуда за млеко

zak

врећа

hek

ограда

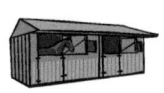

stal

штала

broeikas

стакленик

grond

земља

zaad

семе

mest

ђубриво

maaidorser

комбајн

oogsten

жети

oogst

жетва

yam

јамс зачин

tarwe

пшеница

soja

соја

aardappel

крумпир

maïs

кукуруз

koolzaad

уљана репица

fruitboom

воћка

maniok

гомољ маниоке

granen

житарице

huis
кућа

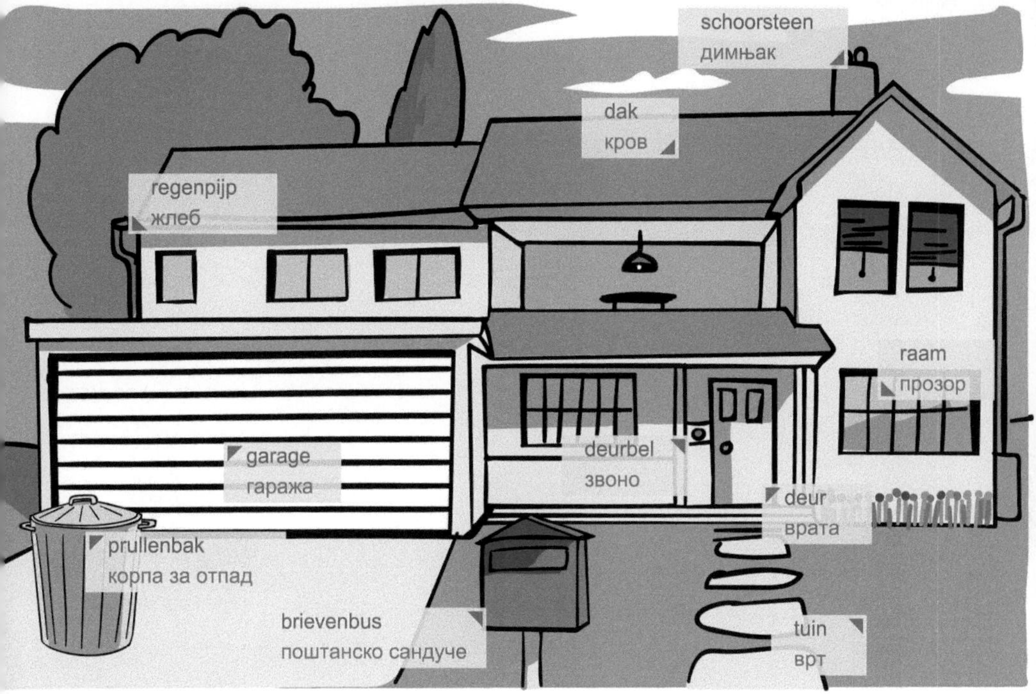
schoorsteen
димњак
dak
кров
regenpijp
жлеб
raam
прозор
garage
гаража
deurbel
звоно
deur
врата
prullenbak
корпа за отпад
brievenbus
поштанско сандуче
tuin
врт

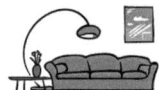

woonkamer

дневна соба

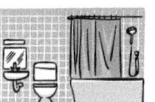

badkamer

купаоница

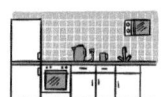

keuken

кухиња

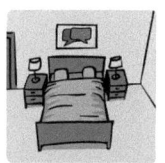

slaapkamer

спаваћа соба

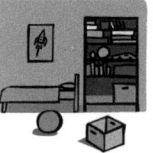

kinderkamer

дечија соба

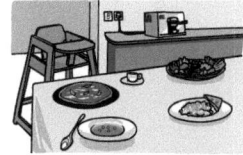

eetkamer

трпезарија

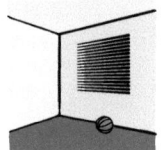

vloer

под

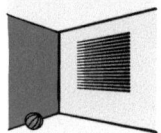

muur

зид

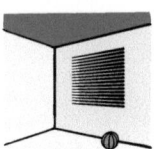

plafond

строп

kelder

подрум

sauna

сауна

balkon

балкон

terras

тераса

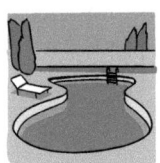

zwembad

базен

grasmaaier

косилица за траву

laken

постељина за кревет

bedsprei

дека за кревет

bed

кревет

bezem

метла

emmer

канта

schakelaar

прекидач

woonkamer

дневна соба

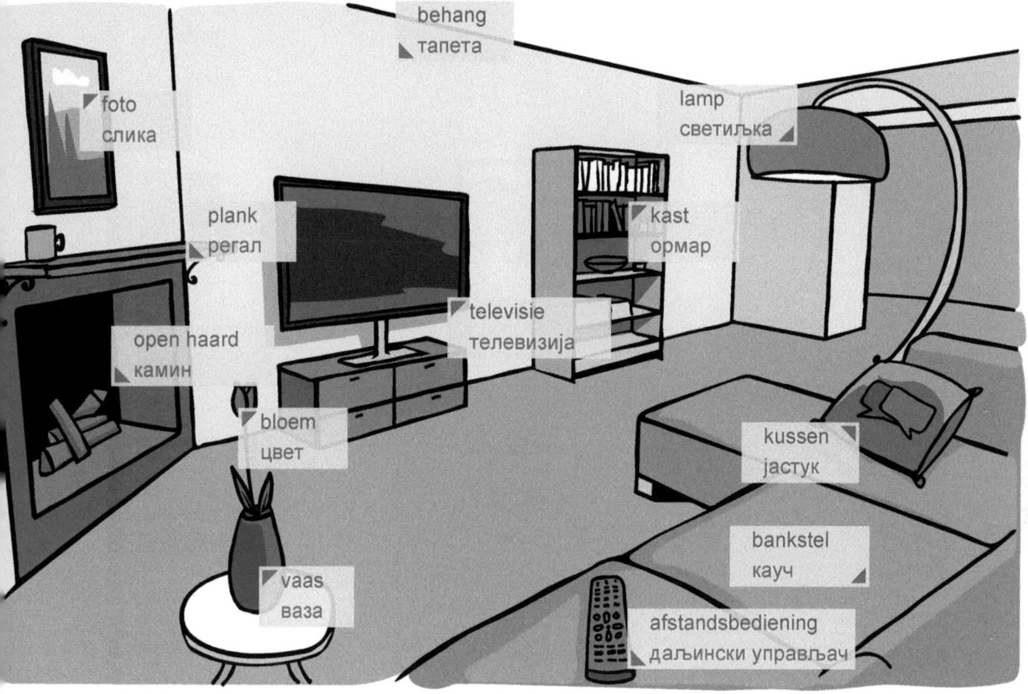

behang
тапета
foto
слика
lamp
светиљка
plank
регал
kast
ормар
televisie
телевизија
open haard
камин
bloem
цвет
kussen
јастук
bankstel
кауч
vaas
ваза
afstandsbediening
даљински управљач

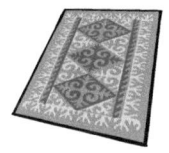

tapijt
....
тепих

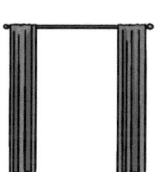

gordijn
....
завеса

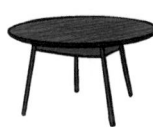

tafel
....
сто

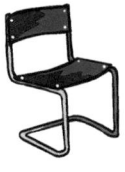

stoel
....
столица

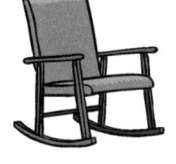

schommelstoel
....
столица за њихање

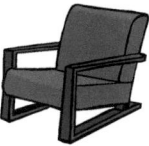

stoel
....
фотеља

boek

књига

deken

дека

decoratie

декорација

brandhout

дрво за огрев

film

филм

stereo-installatie

хи-фи уређај

sleutel

кључ

krant

новине

schilderij

слика на платну

poster

постер

radio

радио

kladblok

блок за писање

stofzuiger

усисивач

cactus

кактус

kaars

свећа

keuken
кухиња

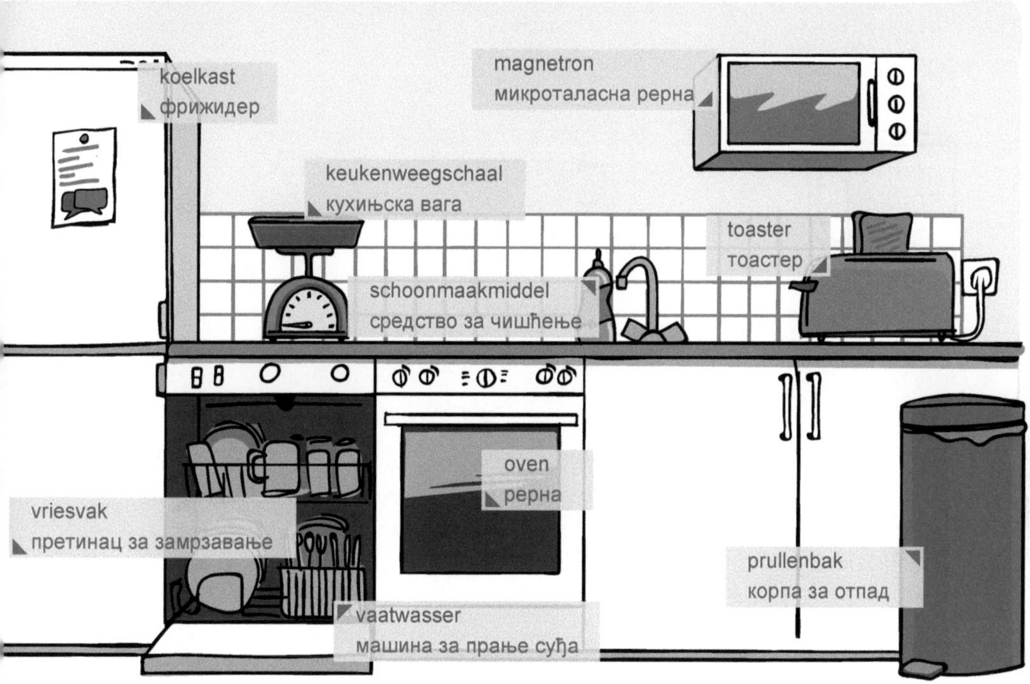
koelkast
фрижидер
magnetron
микроталасна рерна
keukenweegschaal
кухињска вага
toaster
тоастер
schoonmaakmiddel
средство за чишћење
oven
рерна
vriesvak
претинац за замрзавање
prullenbak
корпа за отпад
vaatwasser
машина за прање суђа

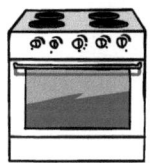

fornuis

шпорет

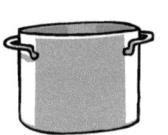

pan

лонац

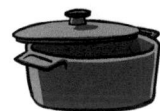

gietijzeren pan

гвоздени лонац

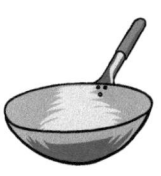

wok / kadai

вок / кадаи

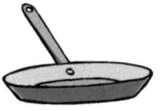

koekenpan

тава

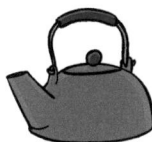

ketel

кувало за воду

stoomkoker

кувало на пару

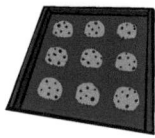

bakplaat

лим за печење

servies

посуђе

beker

чаша

kom

посуда

eetstokjes

штапићи за јело

soeplepel

кутлача

spatel

лопатица

garde

пењача

vergiet

сито за кување

zeef

сито

rasp

рибеж

vijzel

мужар

barbecue

роштиљ

vuurhaard

огњиште

snijplank

даска

deegroller

оклагија

kurkentrekker

вадичеп

blik

конзерва

blikopener

отварач конзерви

pannenlap

крпа за лонац

wasbak

судопер

borstel

четка

spons

сунђер

blender

миксер

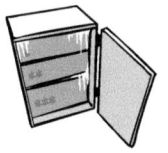

vriezer

замрзивач

babyflesje

флашица за бебе

kraan

славина за воду

badkamer

купаоница

verwarming
грејање
handdoek
пешкир
douche
туш
douchegordijn
завеса за туш
bubbelbad
пенушава купка
bad
када
glas
чаша
wasmachine
машина за прање веша
kraan
славина за воду
tegels
плочице
potje
тута
wasbak
судопер

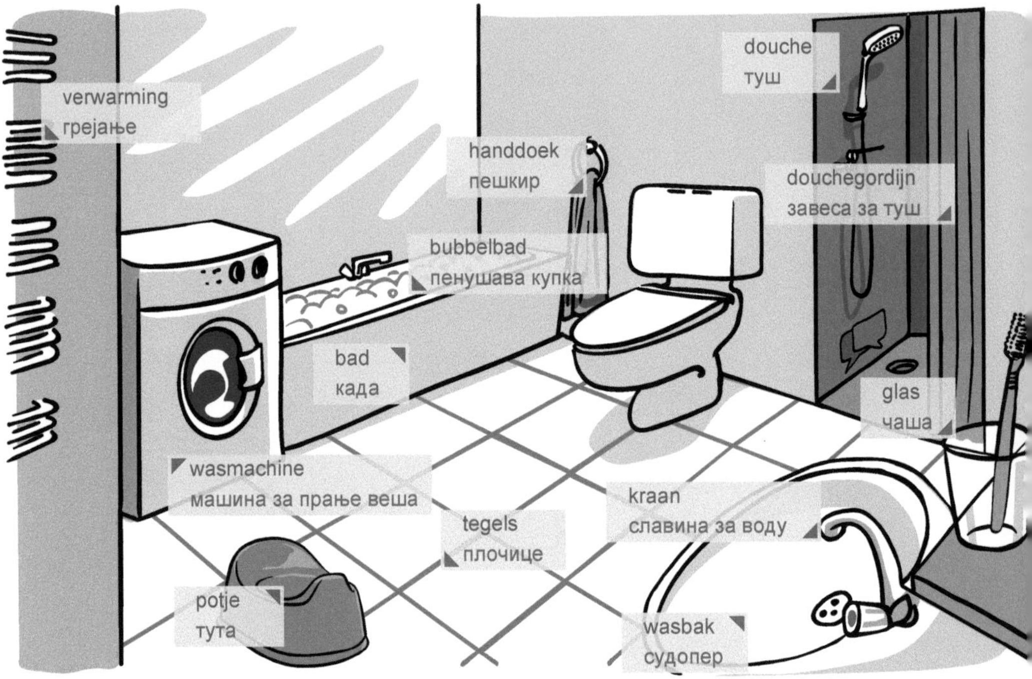

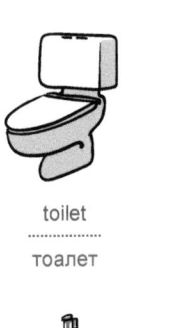

toilet

тоалет

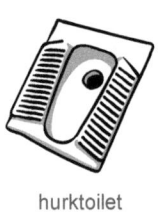

hurktoilet

чучавац

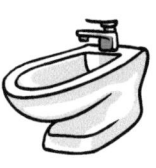

bidet

бидет

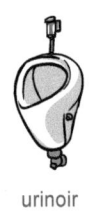

urinoir

писоар

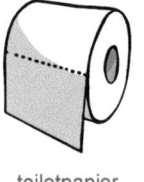

toiletpapier

тоалетни папир

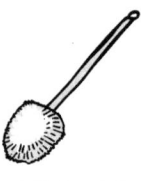

toiletborstel

четка за тоалет

tandenborstel

четкица за зубе

tandpasta

паста за зубе

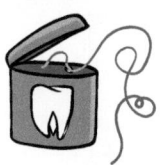

flosdraad

конац за зубе

wassen

прати

handdouche

туш ручица

toiletdouche

туш за прање интимних делова

waskom

лавор

rugborstel

четка за прање леђа

zeep

сапун

douchegel

гел за туширање

shampoo

шампон

washanje

крпа за прање

afvoer

одвод

creme

крема

deodorant

дезодоранс

spiegel

огледало

make-upspiegel

козметичко огледало

scheermes

бријач

scheerschuim

пена за бријање

aftershave

лосион за после бријања

kam

чешаљ

borstel

четка

haardroger

фен за косу

haarspray

спреј за косу

make-up

шминка

lippenstift

руж за усне

nagellak

лак за нокте

watten

вата

nagelschaartje

маказе за нокте

parfum

парфем

toilettas

козметичка торбица

kruk

столица

weegschaal

вага

badjas

огртач

rubber handschoenen

рукавице за чишћење

tampon

тампон

maandverband

уложак

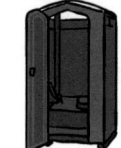

chemisch toilet

хемијски тоалет

kinderkamer

дечија соба

wekker
будилник
knuffeldier
плишана играчка
speelgoedauto
ауто играчка
rammelaar
звечка
poppenhuis
кућица за лутке
cadeau
поклон

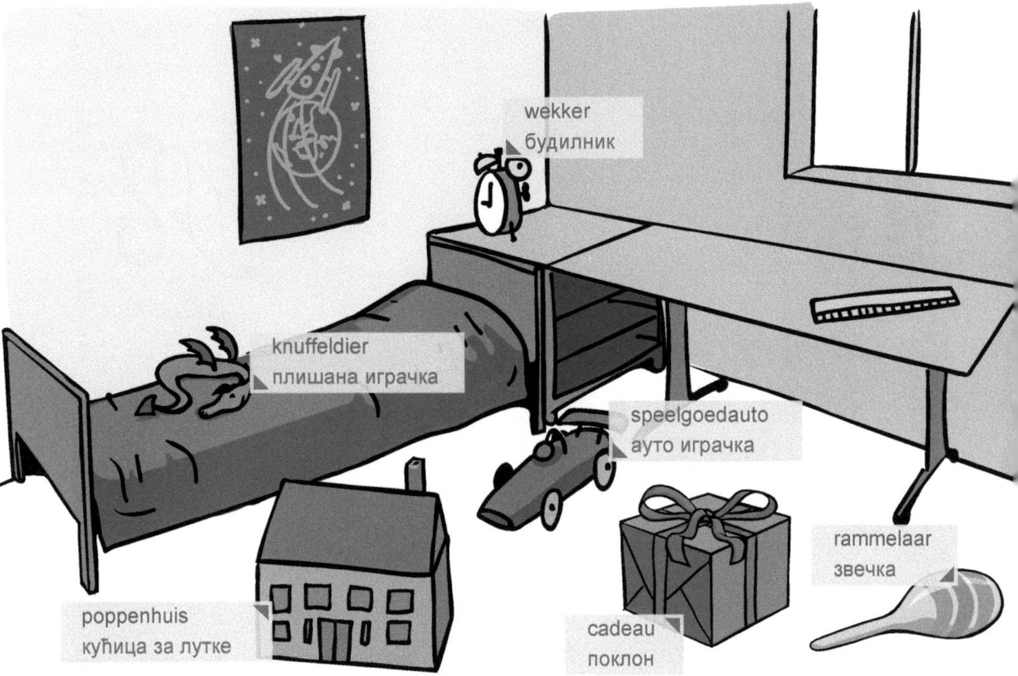

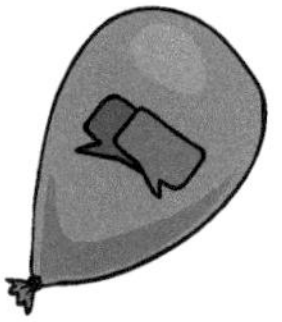

ballon

балон

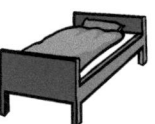

bed

кревет

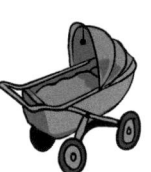

kinderwagen

дјечија колица

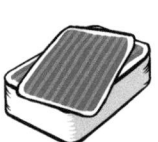

kaartspel

игра са картама

puzzel

слагалица

SUPER
MEGA

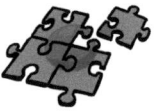

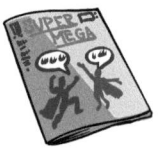

stripverhaal

стрип

legostenen

лего коцкице

speelgoedblokken

коцкице за слагање

actiefiguurtje

акциони јунак

romper

бенкица за бебе

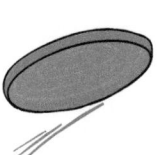

frisbee

фризби

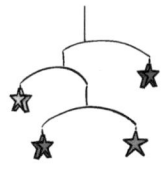

mobile

висеће играчке

bordspel

друштвене игре

dobbelsteen

коцка

modeltrein

минијатурна жељезница

speen

дуда

feestje

забава

prentenboek

сликовница

bal

лопта

pop

лутка

spelen

играти

zandbak

пешчаник

schommel

љуљачка

speelgoed

играчка

spelcomputer

конзола за игре

driewieler

трицикл

teddybeer

теди

kleerkast

ормар

kleding

одећа

sokken

кратке чарапе

kousen

чарапе

panty

хулахопке

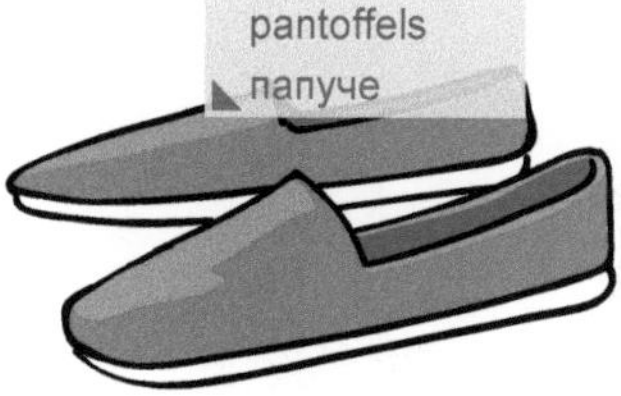

sjaal
шал

paraplu
кишобран

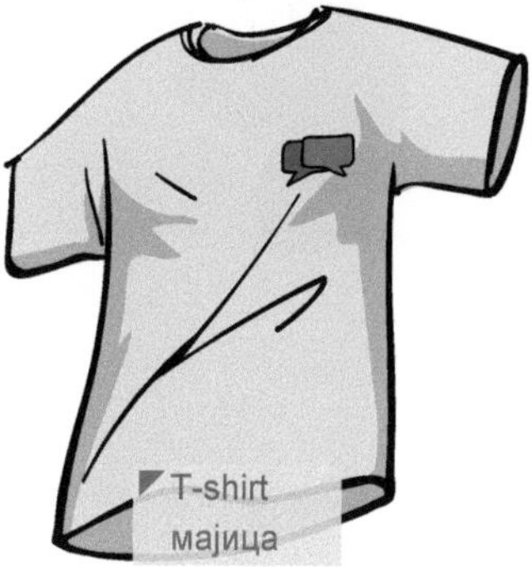

T-shirt
мајица

riem
каиш

laarzen
чизме

pantoffels
папуче

sportschoenen
патике

sandalen
....
сандале

schoenen
....
ципеле

rubberlaarzen
....
гумене чизме

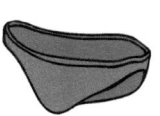

onderbroek
....
гаћице

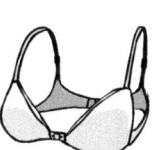

beha
....
грудњак

onderhemd
....
поткошуља

kleding - одећа

body

боди

broek

панталоне

spijkerbroek

фармерке

rok

сукња

blouse

блуза

overhemd

кошуља

trui

џемпер

hoody

џемпер с капуљачом

blazer

сако

jas

јакна

mantel

мантил

regenjas

кабаница

kostuum

костим

jurk

хаљина

trouwjurk

венчаница

pak

одело

nachthemd

спаваћица

pyjama

пиџама

sari

сари

hoofddoek

марама за главу

tulband

турбан

boerka

бурка

kaftan

кафтан

abaja

абаја

zwempak

купаћи костим

zwembroek

купаће гаћице

korte broek

кратке панталоне

trainingspak

одећа за тренинг

schort

кецеља

handschoenen

рукавице

knoop

дугме

bril

наочаре

armband

наруквица

ketting

огрлица

ring

прстен

oorbel

наушница

pet

капа

kledinghanger

вешалица

hoed

шешир

stropdas

кравата

rits

патент затварач

helm

кацига

bretels

нараменице

schooluniform

школска униформа

uniform

униформа

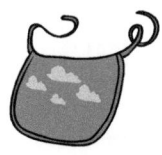

slabbetje

подбрадак

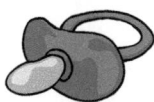

speen

дуда

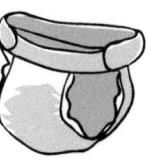

luier

пелена

kantoor

канцеларија

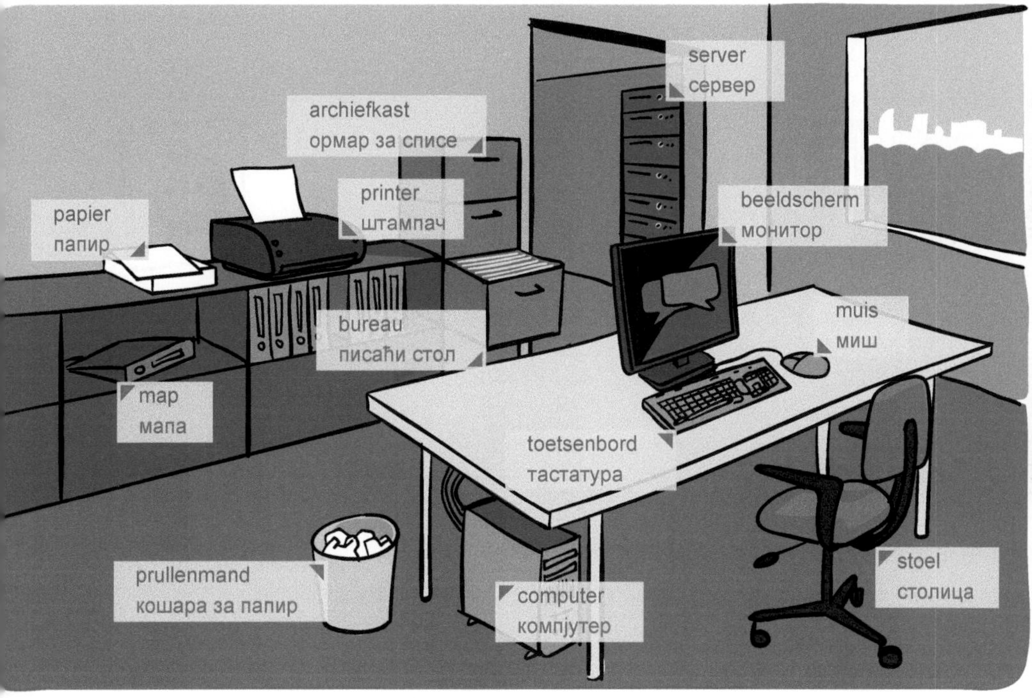

server
сервер
archiefkast
ормар за списе
printer
штампач
papier
папир
beeldscherm
монитор
bureau
писаћи стол
muis
миш
map
мапа
toetsenbord
тастатура
prullenmand
кошара за папир
computer
компјутер
stoel
столица

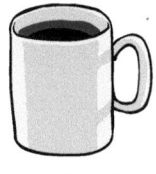

koffiemok

шалица за каву

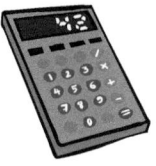

rekenmachine

калкулатор

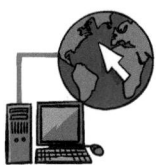

internet

интернет

laptop

лаптоп

brief

писмо

bericht

порука

mobiele telefoon

мобилни телефон

netwerk

мрежа

kopieermachine

уређај за копирање

software

софтвер

telefoon

телефон

stopcontact

утичница

fax

факс

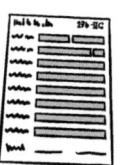

formulier

формулар

document

документ

kopen

куповати

betalen

платити

handel drijven

трговати

geld

новац

dollar

долар

euro

евро

yen

јен

roebel

рубља

Zwitserse frank

швајцарски франак

renminbi yuan

ренминбди јуан

roepie

рупија

geldautomaat

аутомат за новац

wisselkantoor

мењачница

goud

злато

zilver

сребро

olie

нафта

energie

енергија

prijs

цена

contract

уговор

belasting

порез

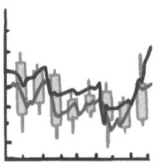

aandeel

деонице

werken

радити

werknemer

службеник

werkgever

послодавац

fabriek

фабрика

winkel

продавница

beroepen

занимања

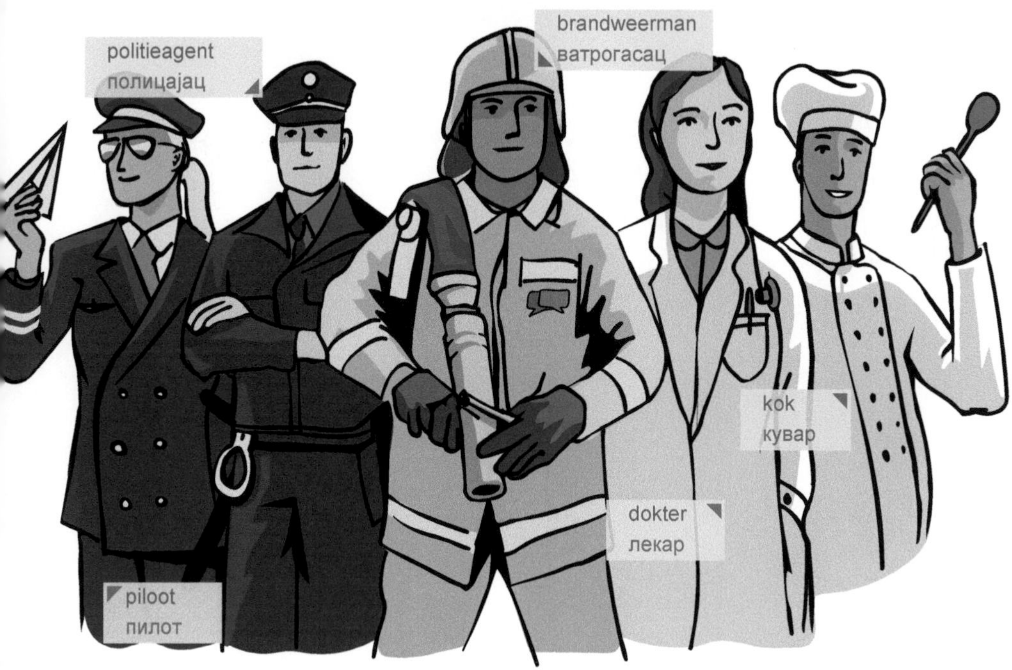
politieagent
полицајац
brandweerman
ватрогасац
kok
кувар
dokter
лекар
piloot
пилот

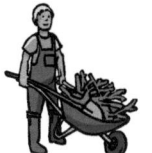

tuinman

вртлар

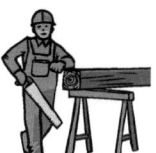

timmerman

столар

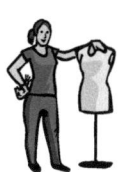

naaister

кројачица

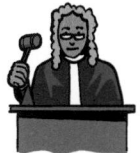

rechter

судија

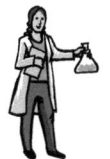

scheikundige

хемичар

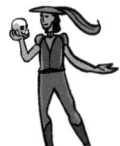

toneelspeler

глумац

buschauffeur

возач аутобуса

taxichauffeur

возач таксија

visser

рибар

schoonmaakster

чистачица

dakdekker

кровопокривач

ober

конобар

jager

ловац

schilder

сликар

bakker

пекар

elektricien

електричар

bouwvakker

грађевински радник

ingenieur

инжењер

slager

месар

loodgieter

лимар

postbode

поштар

soldaat
војник

architect
архитекта

kassier
благајник

bloemist
цвећар

kapper
фризер

conducteur
кондуктер

monteur
механичар

kapitein
капетан

tandarts
зубар

wetenschapper
научник

rabbi
раби

imam
имам

monnik
монах

pastoor
свећеник

gereedschap

алати

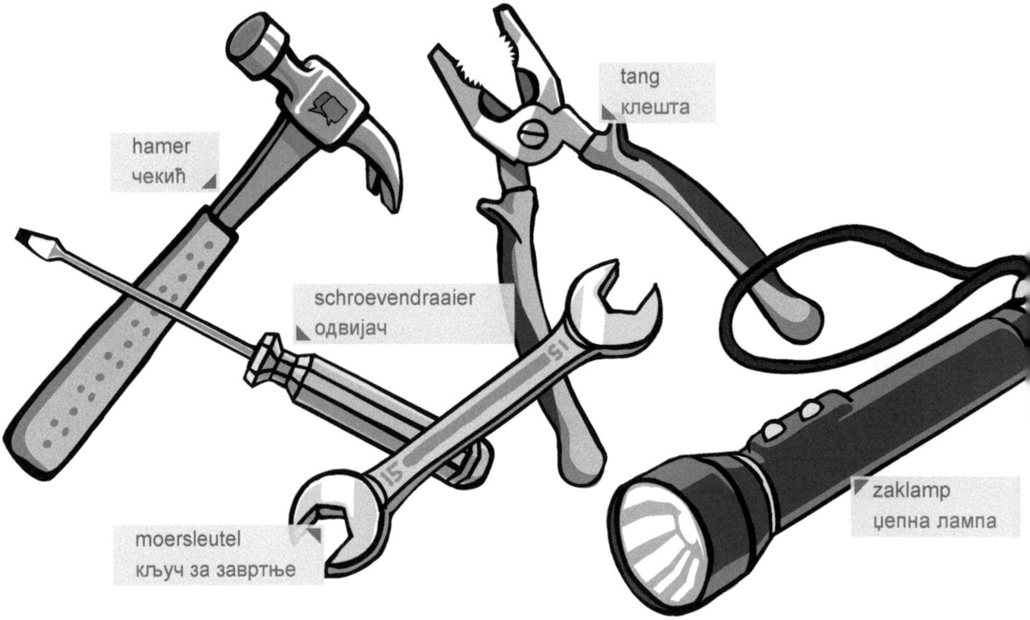
hamer
чекић
tang
клешта
schroevendraaier
одвијач
moersleutel
кључ за завртње
zaklamp
џепна лампа

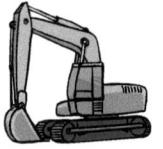

graafmachine

багер

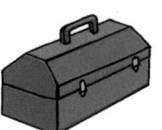

gereedschapskist

кутија за алат

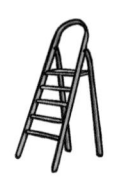

ladder

мердевине

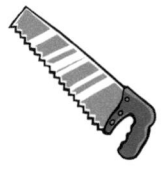

zaag

пила

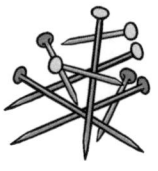

spijkers

ексер

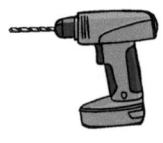

boor

бушилица

repareren
поправити

schep
лопата

Verdorie!
до ђавола!

stofblik
лопатица

verfpot
лонац за боју

schroeven
завртањи

muziekinstrumenten
музички инструмент

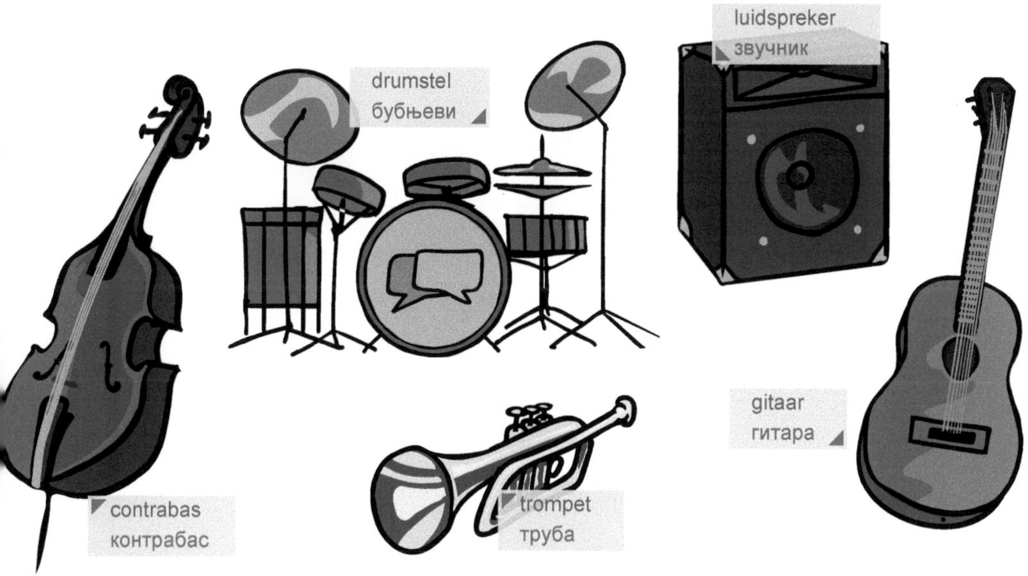

drumstel
бубњеви

luidspreker
звучник

gitaar
гитара

contrabas
контрабас

trompet
труба

piano

клавир

viool

виолина

bas

бас

pauk

тимпани

trommel

удараљке за бубњеве

keyboard

типке клавира

saxofoon

саксофон

fluit

флаута

microfoon

микрофон

dierentuin

зоолошки врт

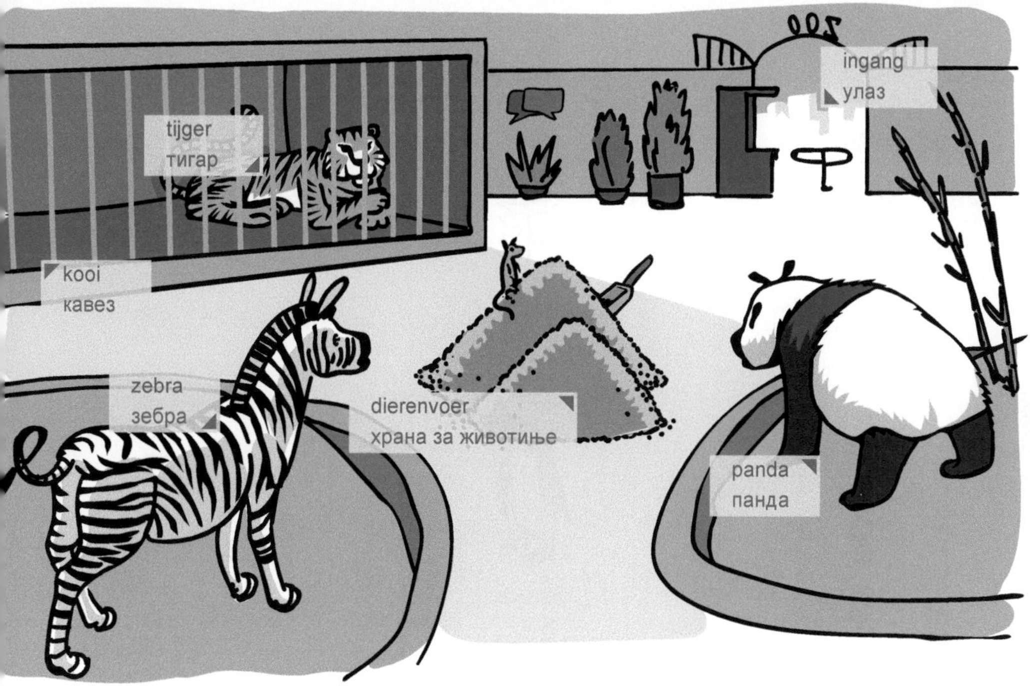

tijger
тигар
ingang
улаз
kooi
кавез
zebra
зебра
dierenvoer
храна за животиње
panda
панда

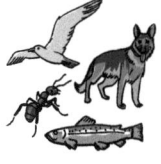

dieren

животиње

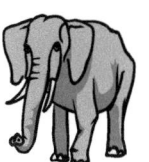

olifant

слон

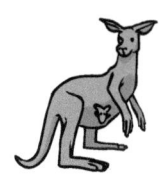

kangoeroe

кенгур

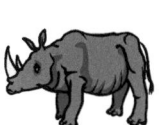

neushoorn

носорог

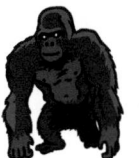

gorilla

горила

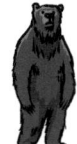

beer

медвед

kameel

камила

struisvogel

нoj

leeuw

лав

aap

мajмун

flamingo

фламинго

papegaai

папагaj

ijsbeer

поларни медвед

pinguïn

пингвин

haai

аjкула

pauw

паун

slang

змиja

krokodil

крокодил

dierenverzorger

чувар у зоолошком врту

zeehond

туљан

jaguar

jaryap

pony
....
пони

luipaard
....
леопард

nijlpaard
....
нилски коњ

giraffe
....
жирафа

adelaar
....
орао

wild zwijn
....
дивља свиња

vis
....
риба

schildpad
....
корњача

walrus
....
морж

vos
....
лисица

gazelle
....
газела

American football
амерички ногомет

wielrennen
бициклизам

tennis
тенис

basketbal
кошарка

zwemmen
пливање

ijshockey
хокеј на леду

boksen
бокс

voetbal
....
фудбал

badminton
....
бадминтон

atletiek
....
атлетика

handbal
....
рукомет

skiën
....
скијање

polo
....
поло

activiteiten

активности

springen
скочити
knuffelen
загрлити
lachen
смејати се
lopen
ићи
zingen
певати
dromen
сањати
bidden
молити се
kussen
пољубити

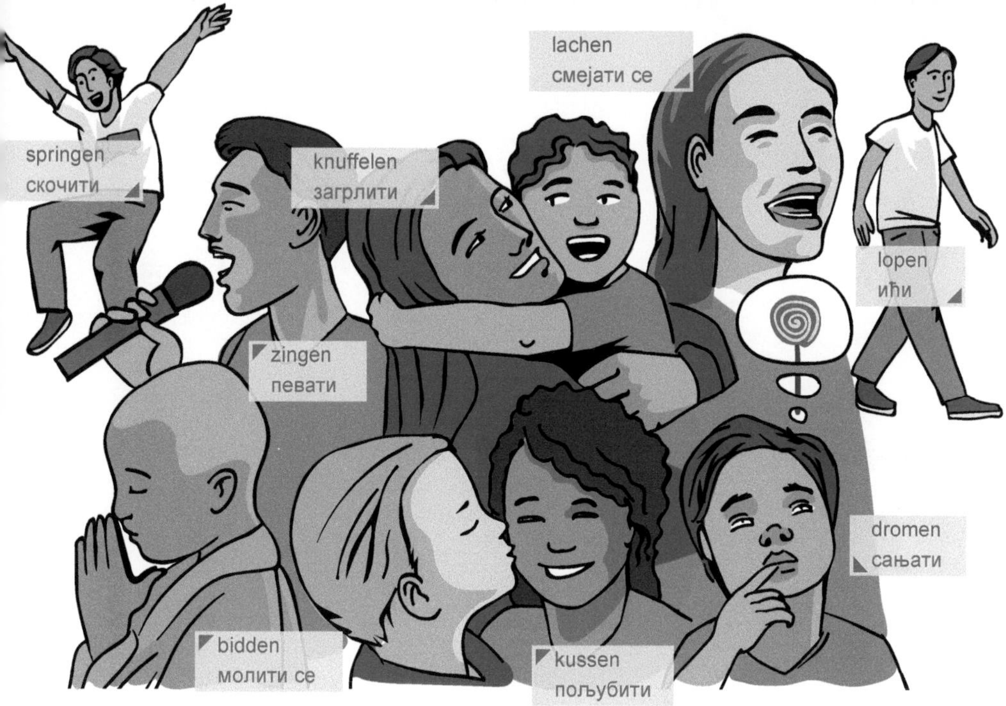

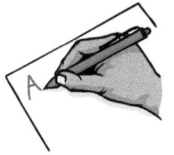

schrijven
писати

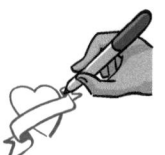

tekenen
цртати

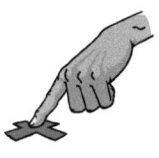

tonen
показати

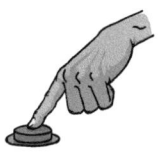

duwen
гурати

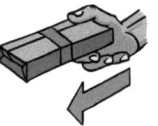

geven
дати

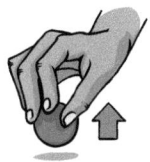

oppakken
узети

hebben

имати

doen

чинити

zijn

бити

staan

стојати

rennen

трчати

trekken

повлачити

gooien

бацити

vallen

падати

liggen

лежати

wachten

чекати

dragen

носити

zitten

седити

aankleden

облачити

slapen

спавати

wakker worden

пробудити се

bekijken

гледати

huilen

плакати

strelen

миловати

kammen

чешљати

praten

говорити

begrijpen

разумети

vragen

питати

horen

слушати

drinken

пити

eten

јести

opruimen

поспремити

houden van

волети

koken

кухати

rijden

возити

vliegen

летети

zeilen

пловити

rekenen

рачунати

lezen

читати

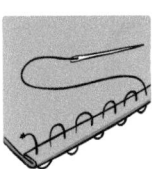

leren

учити

werken

радити

trouwen

венчати се

naaien

шити

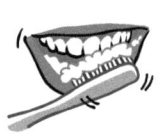

tandenpoetsen

прати зубе

doden

убити

roken

пушити

verzenden

послати

familie

породица

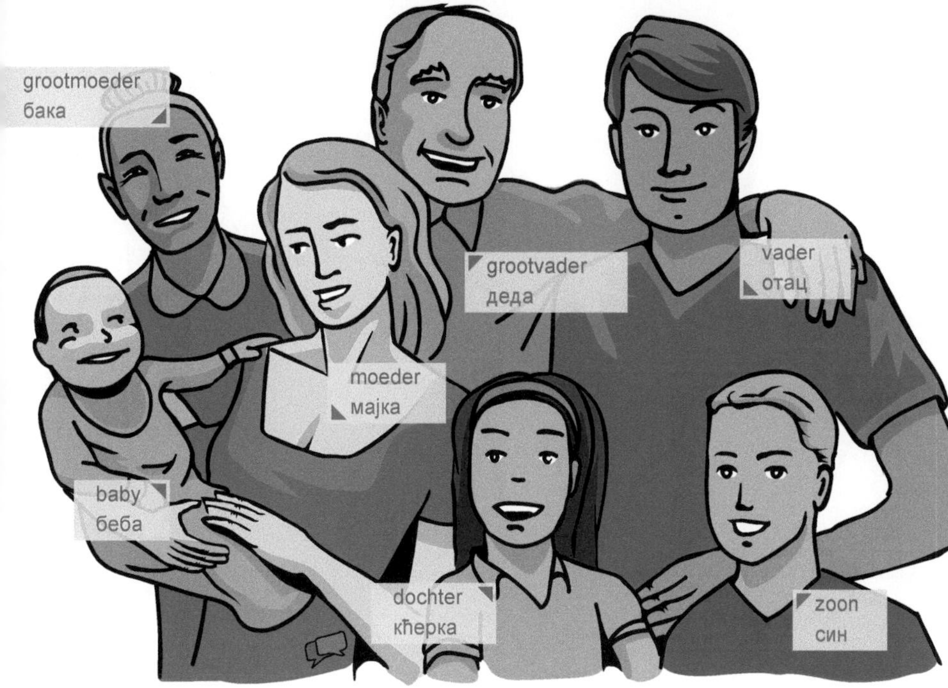

grootmoeder
бака
grootvader
деда
vader
отац
moeder
мајка
baby
беба
dochter
кћерка
zoon
син

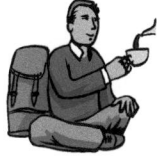

gast

гост

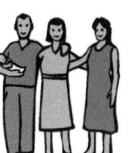

tante

тетка

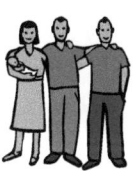

oom

ујак, стриц

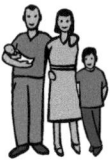

broer

брат

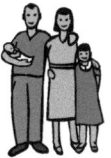

zus

сестра

lichaam

тело

voorhoofd
чело
oog
око
schouder
раме
vinger
прст
gezicht
лице
kin
брада
hand
рука
borst
груди
been
нога
arm
рука

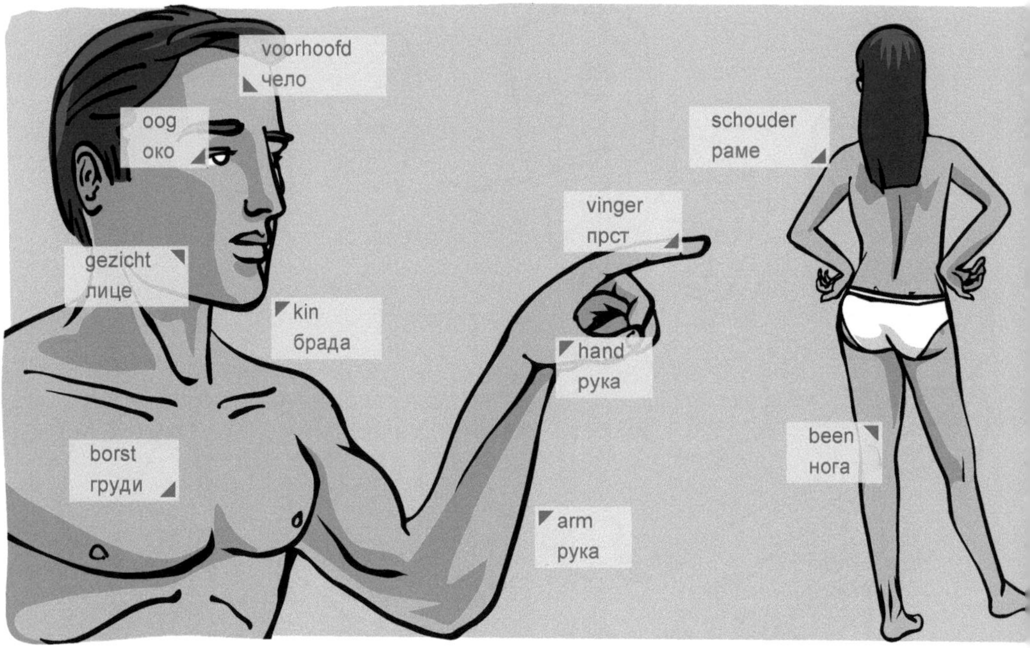

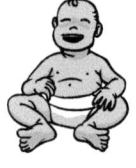

baby

беба

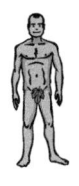

man

мушкарац

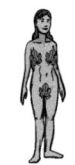

vrouw

жена

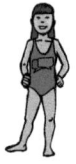

meisje

девојчица

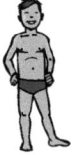

jongen

дечак

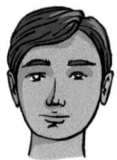

hoofd

глава

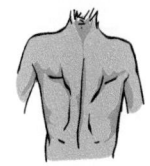

rug
леђа

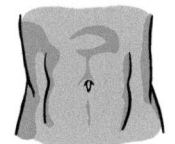

buik
стомак

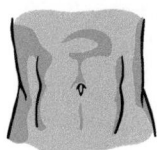

navel
пупак

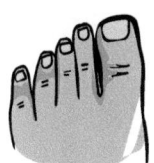

teen
ножни прст

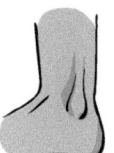

hiel
пета

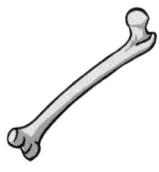

bot
кост

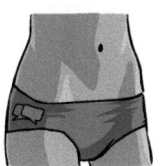

heup
кукови

knie
колено

elleboog
лакат

neus
нос

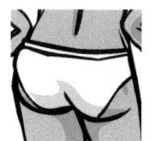

achterwerk
задњица

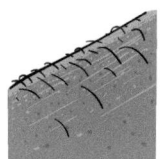

huid
кожа

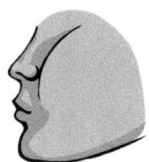

wang
образ

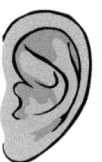

oor
уво

lippen
усна

mond

уста

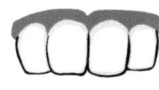

tand

зуб

tong

језик

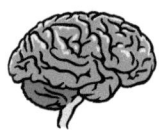

hersenen

мозак

hart

срце

spier

мишић

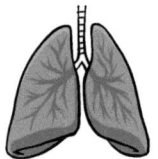

long

плућа

lever

јетра

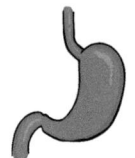

maag

желудац

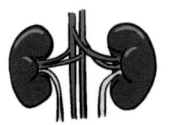

nieren

бубрези

geslachtsgemeenschap

полни однос

condoom

кондом

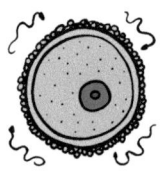

eicel

јајна ћелија

sperma

сперма

zwangerschap

трудноћа

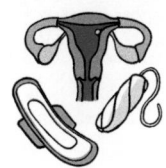

menstruatie

менструација

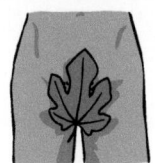

vagina

вагина

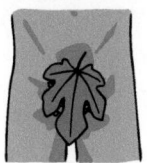

penis

пенис

wenkbrauw

обрва

haar

коса

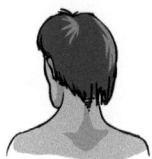

hals

врат

ziekenhuis
болница

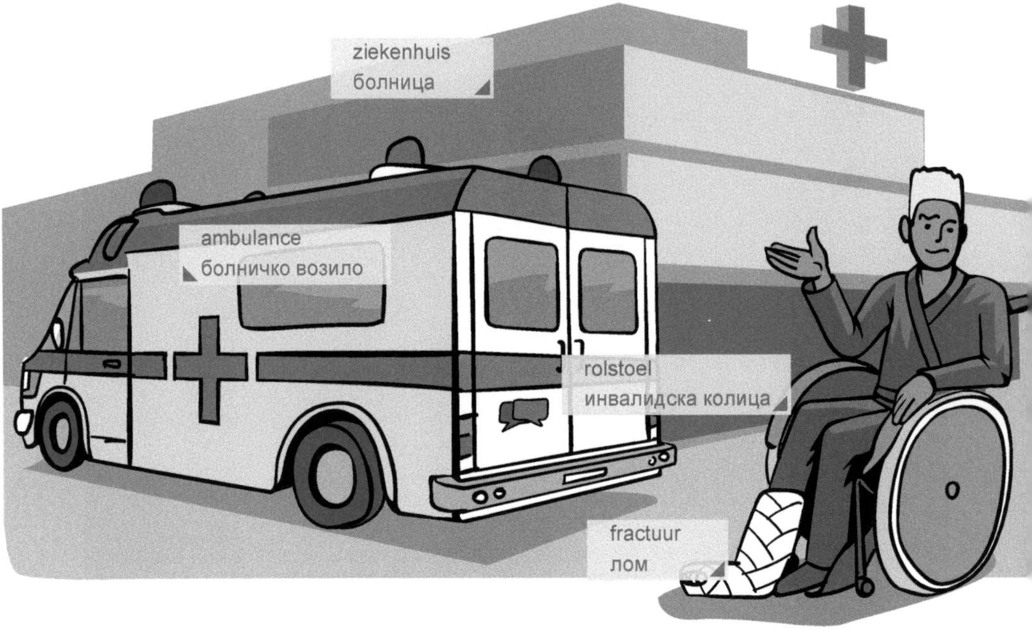

ziekenhuis
болница
ambulance
болничко возило
rolstoel
инвалидска колица
fractuur
лом

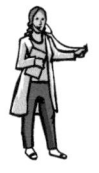

dokter

лекар

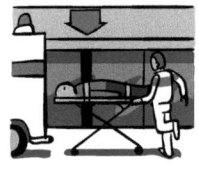

EHBO

хитна медицинска служба

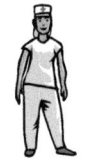

verpleegster

медицинска сестра

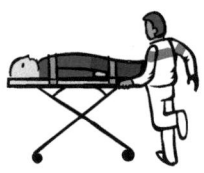

noodgeval

хитни случај

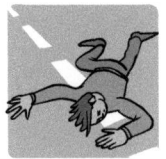

bewusteloos

несвест

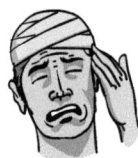

pijn

бол

verwonding

повреда

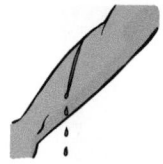

bloeding

крварење

hartaanval

срчани удар

beroerte

удар

allergie

алергија

hoest

кашаљ

koorts

грозница

griep

грипа

diarree

пролив

hoofdpijn

главобоља

kanker

рак

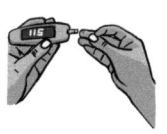

diabetes

дијабетес

chirurg

хирург

scalpel

скалпел

operatie

операција

CT

цт

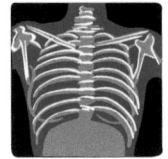

röntgen

рентген

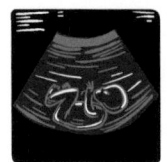

echografie

ултразвук

gezichtsmasker

маска

ziekte

болест

wachtkamer

чекаона

kruk

штака

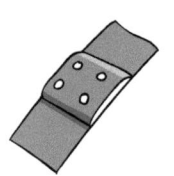

pleister

фластер

verband

завој

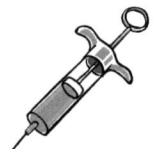

injectie

ињекција

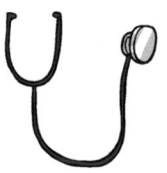

stethoscoop

стетоскоп

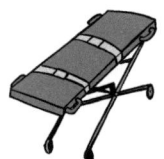

brancard

носила

thermometer

термометар

geboorte

рођење

overgewicht

прекомерна тежина

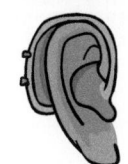

gehoorapparaat

слушни апарат

ontsmettingsmiddel

средство за дезинфекцију

infectie

инфекција

virus

вирус

HIV / AIDS

хив / аидс

medicijn

медицина

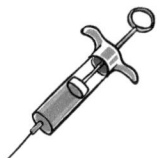

inenting

вакцинација

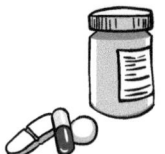

tabletten

таблете

pil

пилула

alarmnummer

хитни позив

bloeddrukmeter

уређај за мерење
притиска

ziek / gezond

болесно / здраво

Help!

помоћ!

alarm

аларм

overval

насртај

aanval

напад

gevaar

опасност

nooduitgang

излаз у случају нужде

Brand!

пожар!

brandblusser

противпожарни апарат

ongeluk

незгоца

EHBO-koffer

кутија прве помоћи

SOS

сос

politie

полиција

Europa

Европа

Noord-Amerika

Северна Америка

Zuid-Amerika

Јужна Америка

Afrika

Африка

Azië

Азија

Australië

Аустралија

Atlantische Oceaan

Атлантик

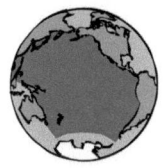

Stille Oceaan

Пацифик

Indische Oceaan

Индијски океан

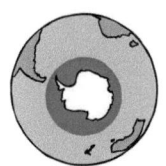

Zuidelijke Oceaan

Антарктички океан

Noordelijke IJszee

Арктички океан

Noordpool

Северни рол

Zuidpool

Јужни рол

Antarctica

Антарктик

aarde

земља

land

земља

zee

море

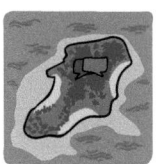

eiland

оток

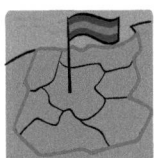

natie

нација

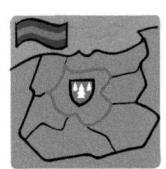

staat

држава

wijzerplaat

бројчаник сата

uurwijzer

сатна казаљка

minutenwijzer

минутна казаљка

secondewijzer

секундна казаљка

Hoe laat is het?

Колико је сати?

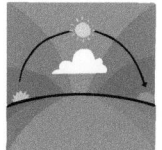

dag

дан

tijd

време

nu

сада

digitaal horloge

дигитални сат

minuut

минута

uur

час

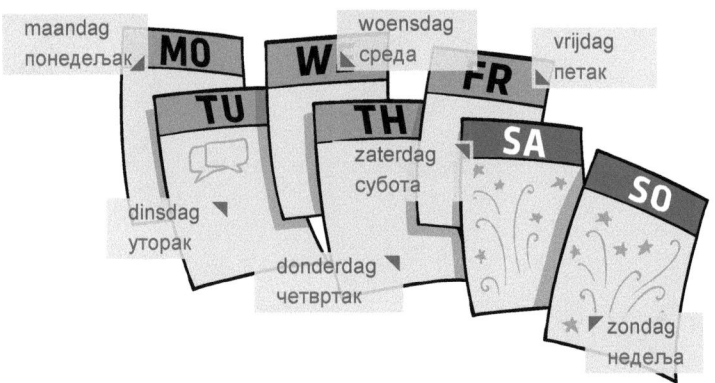

maandag / понедељак
woensdag / среда
vrijdag / петак
dinsdag / уторак
donderdag / четвртак
zaterdag / субота
zondag / недеља

gisteren
jyче

vandaag
данас

morgen
сутра

ochtend
jyтро

middag
подне

avond
вече

werkdagen
радни дани

weekend
викенд

jaar

година

regen
киша
regenboog
дуга
wind
ветар
sneeuw
снег
voorjaar
пролеће
herfst
јесен
zomer
лето
winter
зима

4.APRIL 11°
5.APRIL 4°
6.APRIL 13°
7.APRIL 8°
8.APRIL 10°

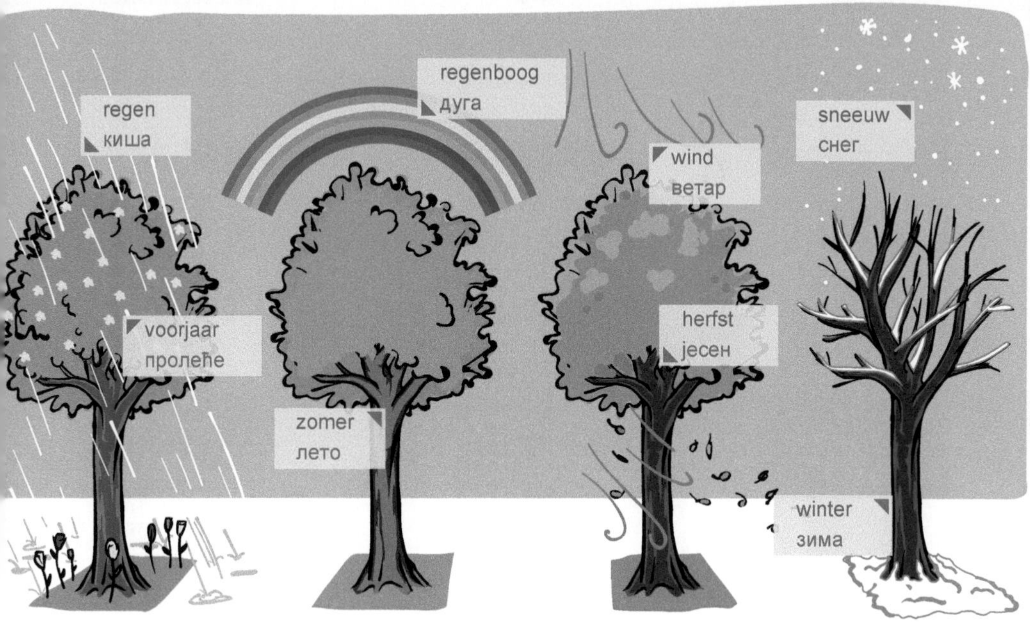

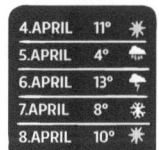

weerbericht

метеоролошка прогноза

F C
120 40
90 30
60 20
30 10
0 0
-30 -10
-20

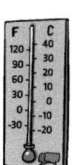

thermometer

термометар

zonneschijn

сунчана светлост

wolk

облак

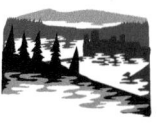

mist

магла

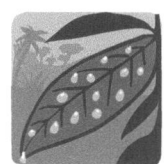

luchtvochtigheid

влажност ваздуха

bliksem

муња

donder

грмљавина

storm

олуја

hagel

туча

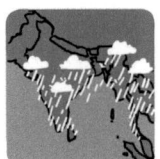

moesson

монсун

overstroming

поплава

ijs

лед

januari

јануар

februari

фебруар

maart

март

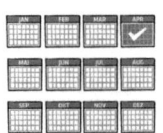

april

април

mei

мај

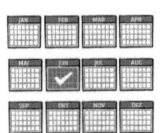

juni

јуни

juli

јули

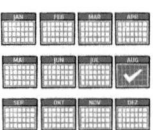

augustus

август

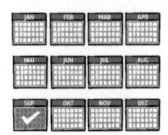

september
....
септембар

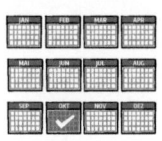

oktober
....
октобар

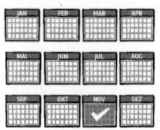

november
....
новембар

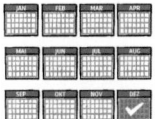

december
....
децембар

vormen
облици

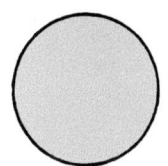

cirkel
....
круг

vierkant
....
квадрат

rechthoek
....
правоугао

driehoek
....
троугао

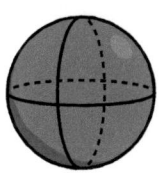

bol
....
кугла

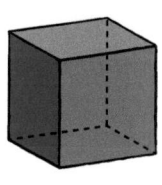

kubus
....
коцка

wit

бела

geel

жута

oranje

наранџаста

roze

ружичаста

rood

црвена

paars

љубичаста

blauw

плава

groen

зелена

bruin

смеђа

grijs

сива

zwart

црна

veel / weinig

много / мало

boos / rustig

љутито / мирно

mooi / lelijk

лепо / ружно

begin / einde

почетак / крај

groot / klein

велико / малено

licht / donker

светло / тамно

broer / zus

брат / сестра

schoon / vies

чисто / прљаво

volledig / onvolledig

потпуно / непотпуно

dag/ nacht

дан / ноћ

dood / levend

мртво / живо

breed / smal

широко / уско

eetbaar / oneetbaar

јестиво / нејестиво

gemeen / aardig

зло / добро

opgewonden / verveeld

узбуђено / досадно

dik / dun

дебело / мршаво

eerste / laatste

на почетку / на крају

vriend / vijand

пријатељ / непријатељ

vol / leeg

пуно / празно

hard / zacht

тврдо / мекано

zwaar / licht

тешко / лагано

honger / dorst

глад / жеђ

ziek / gezond

болесно / здраво

illegaal / legaal

илегално / легално

intelligent / dom

паметно / глупо

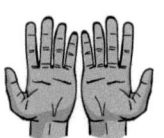

links / rechts

лево / десно

dichtbij / ver

близу / далеко

nieuw / gebruikt

ново / половно

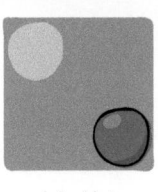

niets / iets

ништа / нешто

oud / jong

старо / младо

aan / uit

укључено / искључено

open / gesloten

отворено / затворено

zacht / luid

тихо / гласно

rijk / arm

богато / сиромашно

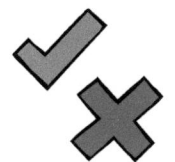

goed / fout

тачно / погрешно

ruw / glad

храпаво / глатко

verdrietig / gelukkig

тужно / сретно

kort / lang

кратко / дуго

langzaam / snel

полако / брзо

nat / droog

мокро / сухо

warm / koel

топло / хладно

oorlog / vrede

рат / мир

0	**1**	**2**
nul	één	twee
нула	један	два

3	**4**	**5**
drie	vier	vijf
три	четири	пет

6	**7**	**8**
zes	zeven	acht
шест	седам	осам

9	**10**	**11**
negen	tien	elf
девет	десет	једанаест

12

twaalf

дванаест

13

dertien

тринаест

14

veertien

четрнаест

15

vijftien

петнаест

16

zestien

шестнаест

17

zeventien

седамнаест

18

achttien

осамнаест

19

negentien

деветнаест

20

twintig

двадесет

100

honderd

стотину

1.000

duizend

хиљаду

1.000.000

miljoen

милион

Engels

енглески

Amerikaans Engels

амерички енглески

Chinees Mandarijn

мандарински кинески

Hindi

хиндски

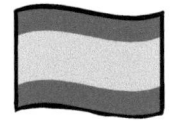

Spaans

шпански

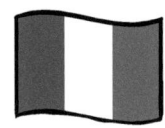

Frans

француски

Arabisch

арапски

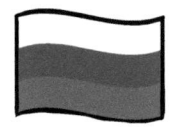

Russisch

руски

Portugees

португалски

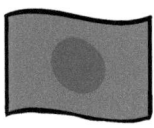

Bengalees

бенгалски

Duits

немачки

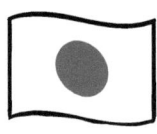

Japans

јапански

ik

ja

jij

ти

hij / zij / het

он / она / оно

wij

ми

jullie

ви

zij

они

wie?

Ко?

wat?

Шта?

hoe?

Како?

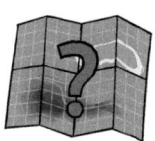

waar?

Где?

wanneer?

Када?

naam

име

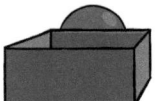

achter

иза

in

у

voor

испред

boven

преко

op

на

onder

испод

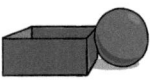

naast

поред

tussen

између

plaats

место